Mark Sarg

Der Papst als Känguru

Mark Sarg

Der Papst als Känguru

Bizarre Kurzgeschichten

Goldene Rakete Verlag für Belletristik

Imprint

Cover image: www.ingimage.com

Publisher:
Goldene Rakete Verlag für Belletristik
is a trademark of
International Book Market Service Ltd., member of OmniScriptum Publishing Group
17 Meldrum Street, Beau Bassin 71504, Mauritius

Printed at: see last page
ISBN: 978-620-2-44492-7

INHALTSVERZEICHNIS

DIE LEICHE OHNE HUT

Unweit eines Friedhofs begegneten abendliche Passanten einer Leiche in offenbar hochgradig verwirrtem Zustand, die trotz der fortgeschrittenen Jahreszeit ohne Hut unterwegs war.

Man steckte sie ohne lange zu zögern ins Irrenhaus – wo sie nun weit **sicherer** „begraben“ war als zuvor.

DAS ERWÜNSCHTE GRINSEN

„Ihr Grinsen ist durchaus erwünscht hier. Es könnte die Verlegenheit der anderen Neuankömmlinge etwas mindern!“ Unerwartet charmant fiel die Begrüßung des höllischen Empfangschefs für Kardinal Uranus Knallpapst aus – dessen schiefes Lächeln natürlich gleichfalls nur Ausdruck seiner Verschämtheit gewesen war.

Im Laufe der Zeit aber verging ihm dann auch noch das ***aller***erwünschteste Lachen ...

DAS UNERWÜNSCHTE GRINSEN

„An diesem Orte grinst man nicht!“ Überaus schroff empfing Hochwürden Tetanus Springlaus Hofrat Lydius Brautmaus – der beim Betreten der Kirche unerklärlicherweise an Gott und den Himmel gedacht hatte.

Nun freilich wandte er sein Denken rasch wieder dem Teufel zu – und im Nu war seine Miene so angemessen ernst, dass ihn der Pfarrer ausdrücklich willkommen hieß und sogar segnete.

DAS BELEIDIGTE MONSTER

Ein Monster war sein Leben lang beleidigt – nur weil es ein Monster war.

Erst als es als **Mensch** wiedergeboren wurde, erkannte es im Nu, wie ungemein töricht und ungerecht es gegenüber seinem damaligen Schicksal doch gewesen war – und war nun **doppelt** beleidigt.

DER PAPST ALS SITTENSTROLCH

Papst Frivolius der Strenge, der sich immer wieder mal inkognito in nächtlichen Parkbüschen auf die Lauer legte, um dort verdächtige Individuen auf frischer Tat bei „unsittlichen Delikten“ zu ertappen und dann gleich an Ort und Stelle zu exkommunizieren, da sie ja nur allzu leicht durch die Maschen der Justiz schlüpften, wurde einmal von einem zutiefst erschrockenen Polizisten, der im Gestrüpp seine Notdurft verrichtete, selber für einen Sittenstrolch gehalten und flugs festgenommen – umso mehr seine ganze Aufmachung alles andere als vertrauenerweckend oder gar seinem Amte gemäß war.

Erst nachdem der geistliche dem weltlichen Ordnungshüter seine wahre Identität „bewiesen“ hatte, indem er ihn mit sofortiger Wirkung seligsprach, entließ ihn dieser wieder in seine „Amtsgeschäfte“ – nicht ohne ihn noch eindringlichst zu ermahnen, künftig bei deren Ausübung wenigstens die Hose geschlossen zu halten ...

DER PAPST ALS SUPPENHUHN

Papst Cannibalius der Sanfte träumte von sich selber als Suppenhuhn – und wachte völlig verstört und irritiert auf.

Einerseits wusste er natürlich, dass ein Huhn ein ganz zauberhaftes Wesen war – und selbst in einer Suppe mochte man es zwar bedauern, aber keineswegs verachten.

Anderseits war er sich auch der leider vorherrschenden Geringschätzung dieses Geschöpfes, vor allem in der Übertragung auf menschliche Attribute, schmerzlich gewahr.

Und in Verbindung mit seinem hohen Amte gar wurde ihm erst recht angst und bange, sodass er dringendst um Erleuchtung bat – die sich jedoch zu seiner Bestürzung partout nicht einstellen wollte. Weshalb er den Rest seines Daseins fast ausschließlich in seinem Buß- und Beichtkabinett zubrachte.

Drüben freilich klärte man ihn dann höchst liebevoll und zuvorkommend auf: Um wirklich und ehrlich Erleuchtung anzustreben, hätte er sich zuvor schleunigst seines ***Amtes*** entledigen müssen …

DER PAPST ALS TRÜFFELSCHWEIN

Als sein bewundernswertes Trüffelschwein pflegte Satan den „edlen, hochverehrten Freund“ Papst Krautpudding I. liebevoll zu titulieren – weil er mit erstaunlicher Treffsicherheit immer genau jene „kostbaren“ Bischöfe und Kardinäle herauszuspüren verstand, die gerade besonders anfällig für seinen Widersacher waren.

Doch als er dann selber unten angelangt war, standen sie allesamt Spalier, um ihn hämisch als „***Verräter***schwein“ zu begrüßen. Und anstelle eines Dankes oder einer Verteidigung rieb sich Luzifer gleich doppelt die Hände …

DAS GRANDIOSE GESCHÖPF

Ein grandioses Geschöpf hielt sich selbst für den Nabel der Welt – und hatte recht damit.

Da es aber zu jener Zeit völlig alleine auf der Erde war – half ihm dies nicht allzu viel …

DAS VERFLIXTE GESCHÖPF

Ein verflixtes Geschöpf bestellte in einem renommierten Feinkostladen äußerst energisch eine Tube Schuhcreme.

Eigenhändig wollte es der Besitzer, Monsieur Rodrigue Schlappwurm, hinauswerfen, doch biss es sich an seinem Fuße fest, bis er ohnmächtig wurde.

Dann zog es ihm die Schuhe aus, füllte sie an mit Crème fraîche und stellte sie mit dem Hinweis ins Schaufenster: „Hit des Tages: Frische Schuhcreme – vom Maître persönlich!“

DER UNDANKBARE HALUNKE

„So ein undankbarer Halunke! Lässt sich von uns mit allem Pomp zum Papste küren – und geht am nächsten Tag von dannen, ohne auch nur ‚Vergelts Gott' oder ‚Adieu' zu sagen!"

Die empörten Kardinäle konnten eben nicht fassen, dass Aurorius I. in Anbetracht des geradezu unglaublichen, hysterischen Kultes, der um seine Person eingesetzt hatte, schlicht von Panik ergriffen wurde – und sich kurzerhand entschloss, die erlösende Flucht ins Jenseits anzutreten.

„BESSERN SIE SICH NUR NICHT!“

„Bessern Sie sich nur nicht, sonst gehen Sie mir vielleicht gar noch verloren!“, scherzte der Teufel bei seiner täglichen Visite am Krankenbett von Marquis Eigelb Leuchthummel – der wegen seines katastrophalen Lebenswandels regelmäßig hierher gelangte.

Aber da der Höllenfürst in jener „Heilanstalt“ völlig unangefochten als **Chefarzt Dr. Lichterloh Feuerfroh** fungierte, ging ihm dort mit Sicherheit ohnehin niemand verloren ...

DIE DREISTE GÖRE

Fräulein Babsy Krautkopf streckte jedermann, der ihr entgegenkam, ganz weit die Zunge heraus.

Doch die eigentliche Dreistheit war: Sobald sich jemand erfrechte, es ihr ***gleich***zutun, biss sie dem Verwegenen die Zunge ab, verschluckte sie – und drehte ihm als Draufgabe noch eine extra lange Nase!

DER PAPST ALS HÄNGEMATTE

Als Hängematte der Christenheit, die er zu ihrem Wohle behüte und schaukle, bezeichnete sich Papst Pfefferkron der Grandiose gerne.

Bedauerlich nur, dass sich gar nicht wenige lediglich ***ver***schaukelt fühlten von ihm …

DER PAPST ALS FROSCHSCHENKEL

Papst Deliziosus der Unerreichte war nicht nur ein schwelgerischer Feinschmecker und Genießer, sondern auch ein unerschöpflicher, unermüdlicher Selbsterforscher – vor allem von ihm bis dato völlig unbekannten „Variationen“ seiner Person.

Mit dem Ziele, einmal beides ganz praktisch zu vereinen, verwandelte er sich in eine Portion knusprig gebratener Froschschenkel, die er sich in einer leckeren Sauce sogleich gierig munden ließ.

„Ich wusste gar nicht, ***wie*** gut und schmackhaft ich sein kann!“, stellte er rundum zufrieden fest, nachdem er sich grunzend und schmatzend verdaut hatte. „Schade nur, dass ich mich nicht **ständig** auffressen kann, ohne mein Amt ernsthaft zu gefährden; dies ist wohl der einzige Wermutstropfen dabei!“

Und rasch spülte er noch ein Gläschen Sekt hinterher – damit es nicht bei **einem** Tropfen bliebe ...

DER PAPST ALS SCHURKE

„Dieser Schurke nennt sich ‚heilig'", mokierte sich Luzifer über Papst Halunkius XXX., „und ist dabei weit teuflischer, als ich es je gewesen bin! Und **weiß** es wahrscheinlich nicht einmal!"

Nun, das war vermutlich das besonders Teuflische daran.

DER PAPST ALS BÜFFEL

Als Büffel durch die weiten Steppen jagen und sich um ***gar*** nichts sonst mehr kümmern! Nacht für Nacht erlag Papst Indian der Prächtige schmachtend diesem kühnen Traum.

Doch da ihm dessen ***gänzliche*** Umsetzung in sein momentanes Amt nicht integrierbar schien, wählte er vorerst eben eine etwas modifizierte Version:

Er kümmerte sich, liebreizend wie ein Büffel, um aufmüpfige, unangepasste Christen – indem er ***sie*** in die Wüste jagte!

„BEFLEGELN SIE MICH!“

„Beflegeln Sie mich doch!“, bat Lady Linda Flederwisch Sir Lyndon Federwichs – und er tat ihr sehr gerne den Gefallen.

Sie dankte ihm herzlichst – und willigte sofort in die Ehe ein.

„BEFLEGELN SIE MICH NICHT!“

„Beflegeln Sie mich nicht, sonst zeige ich Ihnen gleich, was ***ich*** für ein Flegel bin!“ Drohend plusterte sich Mrs. Agnes Kichermaus auf – sodass Sir Robin Kirchenlaus augenblicklich vor Ehrfurcht erstarrte und schwieg.

Weil sie aber wirklich ein ganz **exemplarischer** Flegel war, bewies sie ihm dies nun **trotzdem** – indem sie so lange auf ihm sitzen blieb, bis er geheilt war von jeglicher Flegelei!

„BEFLEGELN SIE SICH!“

„Beflegeln Sie sich nur weiter so, das bringt Sie mit Sicherheit ins frühe Grab!“

Nachdem Signor Pluto Fleischpapst auch genau dorthin wollte, **hielt** er sich selbstverständlich an die „Anweisung“ von Dr. Jaromir Flachgott, gelangte aber lediglich ins Krankenhaus, wo er dann bloß dahinsiechte **ohne** zu sterben – weshalb er seinen Arzt wegen falscher „Heilsversprechen“ klagte.

Leider selbst das ohne Erfolg …

„BEFLEGELN SIE SICH NICHT!“

„Beflegeln Sie sich nicht, denn das schwächt Ihr Selbstvertrauen!“ Derart läppische Einwände galten für Monsieur Rabinowitsch Schleimteufel nicht. Hämisch lachend schlug er die Empfehlung des Lebensberaters Prof. Neunklug Schaumrüssel in den Wind und blieb seiner verwerflichen Eigenheit trotzig treu.

Und endete zwar leidend und „vor der Zeit“ – doch stolz und selbstbewusst als „unangefochtener Meister der Selbstbeflegelung“.

DER PAPST ALS LUSTMOLCH

Dies ist nun wirklich weder gewagt noch sonst irgendwie respektlos oder gar anstößig.

Denn was immer die „heiligen Molche“ tun – sie tun es selbstverständlich mit der allergrößten ***Lust*** am Dienste des Herrn!

DER PAPST ALS LEICHE

Hier muss es sich wohl um einen (bedauerlichen) Irrtum handeln.

Denn wie könnte ein beliebiger Vertreter jener ehrenwerten Zunft angesichts einer solchen, geradezu **obszönen** Vorstellung noch ein derart „***über***menschlich-heiliges“ Gebaren an den Tag legen?!

DER PAPST ALS TRAUMMANN

Diese höchst **profane** Rolle darzustellen, verbietet sich natürlich jedem „echten“ Heiligen Vater ganz von selbst.

Unerklärlicherweise aber gebärdet sich die aufgewühlte Anhängerschaft akkurat so, als wäre dieses Etikett untrennbar mit seinem Amte verbunden ...

„DARF ICH NIESEN, MADAME?“

„Darf ich niesen, Madame?“ Artig verneigte sich Sir Glouster Himbeerstrudel noch rasch, so gut es ging, vor der gestrengen Gastgeberin Rittmeisterin Angèle Sauerkirsch. „Meinetwegen“, brummte sie indigniert.

Kaum jedoch hatte er sich erleichtert, schlug sie ihm erbost den Knauf ihres Spazierstocks auf den Kopf. „Das wird Sie lehren, Sie Flegel, sich in Gegenwart einer wirklichen Dame nicht unanständig zu verhalten! Selbst wenn sie Ihnen dies aus reiner Gefälligkeit und Großmut ausdrücklich gestattet hat!“

Der so Gescholtene dankte der Vorsehung – und zog seinen Heiratsantrag eiligst wieder zurück.

„DARF ICH SIE MALTRÄTIEREN?“

„Darf ich Sie malträtieren, meine Teuerste?“ Sich eines abschlägigen Bescheides gewiss, erhoffte der durch den Verlust seines Vermögens auch um sein Haus gebrachte Graf Schmusemus Wattebausch mit einem derartigen Vergehen, von Amts wegen eine „Bleibe“ verordnet zu erhalten.

Zu seiner nicht gelinden Überraschung fand sein nobles Opfer, Gräfin Sappho Wutgack, jedoch solchen Gefallen an der erlittenen Unbill, dass sie seine Probleme auf viel elegantere Weise löste: Sie **ehelichte** ihn und bot ihm überdies ein stolzes Separateinkommen – wenn er sie nur ordentlich weiter malträtierte …

DIE GEKREUZIGTE KOMMODE

Bei der Weltausstellung für moderne religiöse Kunst in Edelschnackhausen sorgte eine mit erheblichem Aufwand an ein stattliches Kreuz geschlagene Kommode für beträchtlichen Unmut in der katholischen Bevölkerung – weil die offenstehenden Laden den Eindruck von „unchristlicher Schlampigkeit“ hervorriefen.

Erst als sie vom Bischof mit geweihten Katechismen und Gebetbüchern gefüllt worden waren, fanden die erhitzten Gemüter wieder Besänftigung – bekreuzigten sich aber dennoch, als alles vorbei war, und dankten dem Herrn dafür, die nächsten zehn Jahre verschont zu bleiben von derart aufregenden Ereignissen …

DIE ZEITLOSIGKEIT

Marquise Ludmilla Saufkind lebte so „zeitlos", dass sie es gar nicht merkte, als ihre Zeit gekommen war. So verabsäumte sie leider auch, sich auf gebührende Weise zu verabschieden.

Drüben wurde ihr dann ihre Unhöflichkeit zwar voll bewusst, doch da sie sich nunmehr in einem **noch** zeitloseren Zustande aufhielt, „verschwendete" sie keine weitere Zeit hierfür, sondern gelobte lediglich Besserung.

Sobald die Zeit dafür gekommen war.

DAS VERSCHWOMMENE GESCHÖPF

Ein verschwommenes Geschöpf tauchte hin und wieder mal kurz auf der Erde auf, um die Menschen über ihre Herkunft und ihren Daseinszweck zu informieren.

Da es aber immer gleich „weiterschwamm", noch ehe die Leute seine Botschaft richtig verdaut hatten, ist dieses „Wissen" bis heute nur sehr ***verschwommen*** zugänglich ...

DAS ENTLAUFENE GESCHÖPF

Ein entlaufenes Geschöpf besaß die exquisitesten Manieren, eine adrette Erscheinung, einen unwiderstehlichen angeborenen Liebreiz – und erwies sich gegenüber jedermann als ausgesprochen hilf- und segensreich.

Sein brennendes Geheimnis aber, **woher** und **weshalb** es entlaufen war, nahm es leider mit ins allzu frühe Grab.

DAS DRAKONISCHE GESCHÖPF

Ein drakonisches Geschöpf erhängte sich – und fraß sich anschließend, nachdem es sich gut durchgebraten hatte, gierig auf.

Dann erst spendete es sich – wohlgesättigt – seinen Segen.

Und damit übertrumpft es wohl sogar die Kirche in deren „Glanzzeit“ …

DIE ENTRÜCKUNG

Gräfin Sybille Mondschnabel genoss den Sonnenuntergang und wurde dabei zusehends immer entrückter, bis sie scheinbar völlig ***ver***rückt war – weil sie der Sonne noch nachlief und sie inniglich umarmte, **nachdem** sie bereits untergegangen war.

In Wahrheit aber war sie natürlich längst ***hinüber***gerückt – wo man sich einen derartigen Luxus jederzeit leisten konnte, ohne deswegen gleich als entrückt oder gar verrückt zu gelten ...

DIE DRASTISCHE METHODE

Graf Knusperhut Mehlbauch wusste nicht mehr aus noch ein,
denn er litt an fortgeschrittenem Zipperlein.

Doch überwand er letztlich das Übel mit einer drastischen Methode:
Er ***lachte*** sich buchstäblich über sein Schicksal zu Tode!

DER PÄPSTLICHE WADENBEISSER

Zur ganz praktischen Frömmigkeitsbeurteilung ließ es sich Papst Wadinius der Stramme von Zeit zu Zeit nicht nehmen, vor Beginn eines Hochamtes ohne Vorwarnung die Sitzbänke im Petersdom entlangzukriechen und die Gläubigen der Reihe nach kurz aber kräftig in die Waden zu beißen.

Und nur wer diese heilige Prüfung durch christliche Duldsamkeit und Dankbarkeit in seiner Miene bestand, erwies sich der Gnade würdig, im Dome zu verbleiben.

Diejenigen hingegen, die sich durch Unmutsbekundungen verschiedenen Grades selbst disqualifiziert hatten, biss der Heilige Vater auch gleich noch „sonst wohin", exkommunizierte sie an Ort und Stelle – und jagte sie zum Teufel, damit sie dann diesen nach Belieben irgendwohin bissen ...

DER PÄPSTLICHE TAUSENDSASSA

„Was wird denn von mir erwartet, ich bin doch kein Tausendsassa!“, tröstete sich Papst Grandioso der Wunderbare täglich aufs Neue darüber hinweg, dass die Welt seit seinem Amtsantritte um nichts besser oder frommer geworden war.

Doch siehe da, durch diesen stetig geübten Anflug von Bescheidenheit gepaart mit Selbsterkenntnis wurde die Welt **tatsächlich** allmählich ein klein wenig besser – und kaum hatte er dies erkannt, fühlte er sich nun ***wirklich*** als Tausendsassa.

Aber da ging es im Nu auch schon wieder bergab ...

„DEMÜTIGEN SIE MICH!“

„Demütigen Sie mich, denn nur ***so*** gelange ich doch letztlich in den Himmel!“, flehte die von frommem Ehrgeiz zerfressene Comtesse Gundula Eisenhirn.

Aber da war sie bei Prälat Theodore Misthut ohnehin genau beim Richtigen. Er schlug ihr mehrmals die Bibel um die Ohren – und verdrosch sie so gewaltig, dass sie bereits lange ***vor*** der geplanten Zeit den Zielort erreichte.

Nach einem ausgiebigen Zwischenstopp im Fegefeuer freilich – zur Sühne für ihre Torheit.

DER HEILIGE SCHWUR

Schillernde Welten taten sich Lord Bruce Blaustrumpf im Traume auf. So farbenprächtig und phantastisch, dass er am liebsten gar nicht mehr aufwachen wollte.

Zähneknirschend und widerstrebend tat er es dennoch – aber gleich beim ersten Misston des Tages schwor er sich heilig: „Sollte ich **nochmals** erwachen, bringe ich mich glatt vorher um!“

Und als er merkte, dass er sein törichtes Gelübde partout nicht umzusetzen vermochte, entschuldigte er sich vor Gott und sich selbst: „Irgendwann wird es schon von alleine passieren. – Man ist eben wirklich nicht ganz bei Sinnen, solange man auf Erden weilt!“

DAS NETTE FRÄULEIN

Ein nettes Fräulein holte Baron Jonathan Krautstrudel spätnachts mit einem Kuss aus seinem Bett, zog ihm ein Leichenhemd über, obwohl er noch lebte, und verschwand hurtig mit ihm.

Wohin, weiß er bis heute nicht. Und es ihm zu offenbaren – dazu ist sie einfach ***viel*** zu nett ...

DIE PÄPSTLICHEN FLEGELJAHRE

Schon in der Jugend ganz auf sein späteres Amt fixiert, hatte Papst Bastardius X. im religiösen Eifer seine Pubertät glatt „übersprungen" – in der frommen Annahme, er könne sie sich einfach schenken.

Aber auf dem Höhepunkte seines Pontifikats holte sie ihn dann – mit **vermehrtem** Drucke – doch noch ein. Zum Schrecken aller begann er sich plötzlich wie ein wild gewordener Halbstarker zu betragen, gab unentwegt Obszönitäten von sich, raste in aberwitzigem Tempo und abgerissener Kleidung auf dem Moped durch die Straßen Roms und deutete Polizisten, die ihn zu stoppen versuchten, an die Stirn oder noch weit „schlimmere" Stellen.

Überhaupt war ihm in dieser Periode jedwede Autorität zutiefst suspekt – was dazu führte, dass er sich ***selber*** immer mehr herab- und schließlich sogar **ganz** absetzte und mit Schimpf und Schande aus dem Amt jagte.

Dafür allerdings sprach ihn sein Nachfolger, Abstrusius XI., heilig!

DER PAPST ALS TEUFEL

Nur in einer Gestalt als kollegialer Teufel vermeinte Papst Gagglmeyer der Windige, auf dem „Gipfel“ der Weisheit angelangt, seinen lästigen Widersacher erst becircen und dann, endlich, bekehren zu können.

Dieser hingegen, wohl unterrichtet und bestens vertraut mit den Vorhaben der Kirche und deren Organen, verwandelte sich flugs in einen Amtsvorgänger seines Herausforderers – und umgarnte nun ***ihn*** so lange, bis er ihm willfährigst hinab zur Hölle folgte.

Wo er noch heute, trotz erheblich abgeflauter Gefühle, festsitzt ...

DER PAPST ALS SCHLITZOHR

Erstaunliche Schläue und Gewitztheit bewies Papst Pfiffikus der Einzige: Er trat zurück von seinem Amte, noch **bevor** ihm dies durch allmähliche Verblödung immer schwieriger bis schier ***un***möglich werden würde. Mithin bereits drei Tage nach seiner Wahl.

„So ein Schlitzohr!“, zollten ihm die Gläubigen ungläubig schmunzelnd Hochachtung und Respekt – konnten es aber nichtsdestotrotz kaum erwarten, endlich ein neues Oberhaupt zu erhalten, das dann hoffentlich gänzlich **frei** von solch einmaliger Klugheit sei ...

DER PAPST ALS KÄNGURU

Sehr zu schaffen machte Papst Hudelini dem Flinken seine ausgeprägte Leidenschaft fürs Hüpfen, da er sich ihr auf Grund der Würde seines Amtes nur nachts in den Privatgemächern sowie den Katakomben hinzugeben traute.

Dem stets achtsamen Teufel blieb dies gleichwohl nicht verborgen – und er ermunterte ihn gönnerhaft, doch mit Hilfe seiner Verwandlungskünste eine beliebige Zeit lang ganz ungeniert als **Känguru** durch die Vatikanstadt zu hopsen, um seinen Nachholbedarf wenigstens einigermaßen zu stillen.

Seine Rechnung, ihn durch anschließende Entlarvung der Lächerlichkeit preiszugeben, ging indes ausnahmsweise nicht auf. Denn als der Heilige Vater merkte, wie sein Beispiel immer mehr vordem **gar nicht** fromme Zeitgenossen animierte, plötzlich in religiöser Verzückung durch den Petersdom zu hüpfen, konnte er voll christlichem Stolze nicht umhin, selber seine wirkliche Identität zu enthüllen. Worauf ganz Rom in einen wahren „Hüpfrausch“ verfiel.

Höchst offiziell nun in dieser Mission unterwegs, soll er bei einem Besuch im australischen Busch sogar eine stattliche Anzahl von Kängurus zum katholischen Glauben bekehrt haben.

Allerdings, so die Vermutung, auch nur, weil diese ihn eben als **Artgenossen** betrachteten, dem sie – als Ausdruck der Gastfreundschaft – eine kleine Gefälligkeit nicht verwehren mochten …

DAS VERWERFLICHE GESCHÖPF ODER EWIGE TREUE

Ein verwerfliches Geschöpf erschien in einer exquisiten Weinhandlung und begehrte 3 Flaschen Billigbier. „Wenn Sie nicht auf der Stelle verschwinden, verwerfe ich Sie zur Tür hinaus!“, drohte ihm der Inhaber, Señor Felipe Salzteufel.

In seiner Verworfenheit warf das Geschöpf jedoch **ihn** zuerst hinaus und dann durch ein Fenster hinab in den Keller. Und dort warf es sich nunmehr auf ihn und flüsterte ihm feierlich ins Ohr, er möge jeden Gedanken, dass es ihn **jemals** wieder verlassen könnte, für immer und ewig verwerfen!

Printed by Books on Demand GmbH, Norderstedt / Germany